RENÉ FAGE

OLERON

IMPRESSIONS DE VACANCES

TULLE

IMPRIMERIE CRAUFFON

—

1891

OLERON

IMPRESSIONS DE VACANCES

RENÉ FAGE

OLERON

IMPRESSIONS DE VACANCES

TULLE

IMPRIMERIE CRAUFFON

—

1891

. 1er août 1891.

Le petit bateau à vapeur s'est empli en
quelques minutes. Tous les voyageurs, à la
sortie du train, chargés de paquets, ont
couru vers la jetée, ont pris place sur les ban-
quettes du pont, se bousculant dans le pêle-
mêle et la précipitation de cette arrivée et
de ce départ. C'est que les wagons étaient
au grand complet, ce premier jour des va-
cances. Et personne ne séjourne à la pointe
du Chapus, sur cette langue de terre qui
s'avance vers l'île comme un bras tendu.

Touristes, baigneurs, commerçants, campa-
gnards ne sont venus ici que pour aller plus
loin, jusqu'au delà du détroit, dans l'île
d'Oleron dont la côte verdoyante, bien
éclairée par le soleil, s'étale là bas, mouche-
tée de maisonnettes blanches.

Des hommes vigoureux, pieds nus, les
manches retroussées, coiffés de bérets bruns,
voiturent les colis, les chargent sur le bateau. Le quai est bruyant, animé par ce va-
et-vient de gens affairés qui dure quelques
instants. Tout est bientôt casé, hommes et
choses, tant bien que mal, un peu empilés,
en désordre, car le bateau n'est pas fait
pour une pareille cargaison.

Au coup de sifflet du capitaine, les conversations s'arrêtent brusquement. La traversée jusqu'au Château ne doit pas durer une
demi-heure. Mais, pour des passagers d'oc-
casion, — et ils sont aujourd'hui en majo-

rité, — c'est une chose si troublante que la mer. L'hélice fait bouillonner l'eau; le vapeur est en route ; les enfants joyeux agitent leurs chapeaux pour nous saluer.

Nous sommes restés sur le quai. Un bon bateau à voiles va nous prendre et nous porter plus au sud de l'île, dans la petite bourgade de Saint-Trojan. Cette traversée, sur une barque de pêcheur, était pour mes fils le grand attrait du voyage. Ils s'en préoccupaient depuis plusieurs jours, me questionnaient sur les dimensions du bateau, sur le nombre de ses voiles, sur la durée du passage. Oh! s'ils avaient pu élargir le bras de mer! C'était pour eux le nouveau, l'inconnu, peut-être aussi le danger, car les enfants, dans leur insouciance, aiment le danger comme tout ce qui impressionne.

Le temps est calme et la mer paraît dor-

mir. Voilà pourquoi nous avons laissé partir
le vapeur et nous sommes embarqués sur le
bateau à voiles.

Notre sloop s'en va doucement, penché à
peine, prend le large, contourne le fort du
Chapus, qui, vu de loin, avec sa ceinture de
murailles, sa tour trapue à l'arrière, ressem-
ble à un énorme cuirassé d'escadre échoué.
Une brise très faible nous pousse ; on dirait
que nous ne bougeons pas et que la jetée, la
gare, la pointe de terre s'éloignent de nous.

Le *Couraut* sur lequel nous flottons, large
au plus comme l'estuaire de la Gironde, mar-
qué seulement d'un petit trait sur les car-
tes, va nous isoler du continent pendant
quelques semaines. Il suffit pour me donner
l'impression d'une brusque rupture avec ma
vie d'hier, mes habitudes de tous les jours,
mes travaux et mes distractions accoutumés.

Les routes blanches, la longue ligne du chemin de fer s'arrêtent là, coupés par les flots.
Il semble que le bruit du monde doit s'arrê-
ter aussi à ce rivage et n'arriver de l'autre
côté, dans l'île, qu'amorti et vague comme
un écho lointain.

La brise est si molle que le bateau glisse
silencieusement. Sur nos têtes les voiles se
détendent par moment, ballottent, prennent
les risées et se regonflent. Le soleil s'enfonce
derrière les bois de pins. — Ce grand calme
de la mer, à la fin d'une chaude journée, est
alanguissant.

Déjà les sinuosités de la côte sont moins
distinctes. Les massifs d'arbres se rapetissent
et s'embrument. Le clocher de Marennes
découpe sur le bleu du ciel sa flèche grise.
La citadelle du Château se couvre d'ombre.
Des bateaux de pêcheurs à l'ancre, voiles

repliées, immobiles, dans le crépuscule, ressemblent à des choses abandonnées.

Nous frôlons des bouquets de branches qui émergent ; ce sont les jalons des premiers parcs à huîtres. La mer baisse. Le patron nous fait décrire une longue courbe, évitant les murettes des parcs, cherchant le vent et l'eau profonde. Toutes les maisons de Saint-Trojan ont défilé sous nos yeux ; nous les laissons à droite, ne pouvant y aborder à cette heure. Bientôt le bateau a touché le sable et s'arrête. Les voiles tombent. Une yole nous porte à la pointe de Menson. Nous sommes à quinze cents mètres de notre nouveau chez-nous.

On se sent peu dépaysé tout d'abord.

La forêt de pins sur les dunes a des ondulations qui rappellent les petites collines du Limousin. De beaux peupliers d'Italie, verts de la base au sommet, bordent les routes. Une mousse fraîche et épaisse tapisse les talus. Chaque maison a son jardin bien planté de légumes et son verger chargé de fruits. J'ai trouvé, le long des chemins, nos fougères dentelées, nos orties, nos menthes et nos lotus. Au centre de l'île, du côté de Saint-

Pierre, s'étendent des taillis de chênes, et les avenues de cette ville s'enfoncent sous des berceaux de tilleuls et d'ormeaux.

Et puis, le Couraut est si étroit ! A le voir de Saint-Trojan, aux heures de marée basse et par un clair soleil, on se croirait séparé du continent par un grand fleuve. Le Couraut n'a pas de vagues. Les flots du large, la poussée du grand océan, les vents d'ouest qui soulèvent les lames, sont amortis, arrêtés par l'île. L'eau se balance comme dans un lac, clapote sous la brise et vient s'épandre doucement sur le sable, sans bruit.

La côte charentaise apparaît nettement. La gare du Chapus et celle de Bourcefranc, la ville de Marennes et l'aiguille blanche de son clocher, et plus bas Ronce-les-Bains, ses bois verts et ses châlets roses, font penser aux rives gaies de la Seine entre Paris et Rouen. Les bateaux de pêche ou de promenade, qui se croisent, traversent, évoluent en tous sens, font l'effet d'une flottille de canotiers.

Et pourtant c'est bien l'île. On en a la sensation presque immédiate.

Sur le continent, l'air n'est pas comme ici imprégné de sel. Les vents ont beau tourner, ils ne nous arrivent qu'après s'être rafraîchis au contact de la mer.

Toute la partie sud d'Oleron n'est qu'un banc de sable, sur lequel des dunes se sont insensiblement formées. La charpente rocheuse n'apparaît que plus haut, à la pointe de L'Epinette par une saillie isolée, et à La Cottinière par masses étendues et compactes.

Sur ce sol d'une nature si particulière, une

flore et une faune spéciales se sont déve-
loppées.

Les pins maritimes ont recouvert les dunes, les ont fixées à tout jamais. A leur ombre viennent des mousses dorées ou grises,
de petites plantes vertes, des immortelles
odorantes, des joncs à aigrette et des genêts
gigantesques, vigoureux, pleins de sève,
pareils à des arbres.

Il y a des champs entiers de ces genêts;
ils se plaisent sur les pentes abritées des
dunes, descendent jusqu'au bas, vivent là en
nombreuses familles, s'y multiplient mer-
veilleusement, se sentant bien chez eux, bien
nourris, bien défendus contre les vents. Dans
les coupes fraîches, quand les grands pins
sont abattus, les genêts fourmillent, crois-
sent avec une prodigieuse activité. On com-
prend qu'ayant enfin leur part de soleil, ils
veuillent la garder. Ils s'efforcent de monter

plus vite que les autres plantes, de dominer à leur tour les pins naissants.

Partout, c'est la lutte pour la vie; et les hommes ne sont pas seuls à soutenir cet éternel combat. Nos lois humaines ont pu le rendre pour nous un peu moins farouche, en assurant quelque protection au faible et soumettant à quelques entraves l'ambition des forts. Mais où nos lois n'atteignent pas, la lutte se poursuit, sans trêve, sans pitié; féroce. Ici, mieux qu'ailleurs, — sur la *côte sauvage* plus encore que dans la forêt, — dans le sable, dans les trous des rochers, au milieu des varechs, nous voyons ce combat pour vivre : insectes, coquillages, poissons, oiseaux de mer, tous bêtes de proie, en attendant d'être à leur tour la proie d'un plus fort. C'est la loi des lois, la loi universelle, que nous, hommes civilisés, voudrions bien ne pas reconnaître, mais qui s'impose malgré nous, parce que c'est par elle que va le monde.

4 août.

Un des signes caractéristiques de l'île, c'est l'absence à peu près complète d'oiseaux chanteurs.

Que feraient ici les chardonnerets et les fauvettes ? Pauvres petites bêtes, qui vivent de quelques graines et donnent, comme les poètes, tout leur temps aux chansons et à l'amour ! Cette nature âpre n'est pas faite pour eux. Il leur faut un autre milieu, un paysage plus gai, des bosquets plus doux, des sources fraîches, du calme et du

silence. Figurez-vous un rossignol lançant
des trilles et des roulades, filant de délicieu-
ses modulations, la nuit, quand la mer dé-
ferle sur la côte, lorsque les lames du large
viennent s'écraser sur les brisants de Maumusson, et qu'à plusieurs lieues à la ronde
on entend leur grondement sourd. Il en serait pour ses frais, et le petit musicien,
comme tous les artistes, aime à être admiré.

La forêt de pins, elle aussi, est trop bru-
yante. Elle a, sous le vent, des mugisse-
ments lugubres. Ses aiguilles raides fouettent et meurtrissent. Son ombre laisse passer
toute la chaleur du soleil. Les oiseaux ne
peuvent s'y installer à l'aise pour dire leurs
chansons.

Le moineau, citadin et paysan, s'accli-
mate partout. Les jardins en sont peuplés.
Il se hasarde jusque sur les tamarins de la

petite côte. Où il y a une graine à récolter, un moucheron à happer, il va, sans souci du bruit et du vent. Ce matin, pendant mon repas, sur la fenêtre entr'ouverte, à l'ombre des persiennes, un petit moineau est venu se percher et a poussé ses piailleries aiguës. Il nous regardait et appelait, penchant la tête, prenant des airs suppliants. N'y avait-il pas sur la table quelques miettes pour lui ? Il est si peu exigeant, s'accommodant de tout. Nous lui avons jeté des débris de pain, et il est parti content, d'une envolée, nous remerciant par quelques notes brèves, saccadées comme un rire d'enfant.

Les oiseaux de la côte sont sauvages comme elle. Ils vivent par bande, ne se laissent pas approcher. Les chasseurs ne peuvent les atteindre qu'en usant de ruse, en se cachant derrière les joncs. Au plus léger bruit de pas, ils prennent le large. Les brisants ne les effraient point ; ils sont habitués au grondement des flots. Quand ils s'abattent sur les vagues pour attraper des poissons, les ailes repliées, on dirait des masses de plomb, tombant tout d'un bloc et faisant un trou dans l'eau. Mais ils reparaissent bientôt, blancs ou gris, tachés de noir, nageant avec aisance, balancés par les lames, poussant de petits cris.

Ces oiseaux sauvages appartiennent bien au monde de la mer. Ils sont faits pour elle et vivent d'elle. Je leur préfère les petits oiseaux chanteurs de mes campagnes limousines.

6 août.

Pendant une promenade à La Cottinière,
sur le rivage occidental de l'île, les souvenirs d'un précédent séjour dans l'île de Ré
me sont revenus en foule.

J'ai revu ces bancs de rochers, qui se dé-
couvrent à marée basse, troués en mille
endroits, sillonnés de *banches* où l'eau séjourne. Le varech s'y accroche, y pousse dru
comme l'herbe dans une prairie : — prairie
d'un vert glauque, gluante, affaissée sous le
soleil, triste à l'œil ; — herbe noyée, épaisse,

gonflée, molle, sans cesse secouée par le flot, et que la mer, après chaque tempête, jette comme une chose morte sur le rivage.

Et pourtant la vie est très intense sur ces rochers : tout un petit monde marin y grouille. Des coquillages de formes variées s'y agitent, bâillant, rampant, glissant sous le varech. Les crabes voraces y font une guerre acharnée aux crevettes attardées dans les flaques d'eau. L'anémone, cette fleur vivante, y ploie et déploie sa corolle violette.

Je me rappelais les courses de tous les jours, faites, il y a trois ans, sur les rochers plats de l'île de Ré, à la recherche des palourdes et des berniques ; les pêches aux crevettes et aux crabes ; la poursuite des congres ; notre joie, lorsque la récolte avait été fructueuse et que nous rentrions à la maison avec des paniers bien pleins.

Il suffit d'un souvenir pour nous attacher à un pays. La Cottinière est un des points les plus sauvages d'Oléron. Je sens que j'aimerais y vivre pendant quelques semaines. Peut-être y reviendrai-je un jour.

Ici, comme dans le nord de l'île de Ré, c'est la terre primitive, simple, avec toute la rudesse et la saveur des anciens temps. L'industrie humaine l'a si peu déformée ! L'épreuve du grand Artiste est vierge encore des retouches de l'homme. L'océan, un lit de roches grises, une bordure de dunes blanches, voilà ce qui compose le tableau. Et cette nature est si violente, qu'on n'a pas dû chercher à l'assouplir. Les maisons des pêcheurs se cachent derrière la dune, à peine visibles; les bateaux se blottissent derrière une petite jetée, comme pour se faire oublier du monstre mugissant qui en

dévore tant, chaque année, dans ses coups
de colère.

Je me sens loin, très loin de nos grandes
villes. Le bourdonnement des ruches humaines ne vient pas jusqu'ici; la voix du peuple
ne pourrait y couvrir la voix de Dieu.

Ce coin de terre, extrêmement jeune, puis-
que rien n'est changé dans son aspect depuis
les temps les plus lointains, nous apparaît
extrêmement vieux, par suite d'une singu-
lière perception de notre esprit. Nous, me-
surons tout à nous-mêmes et nous faisons
de l'heure présente le point de départ de
nos observations. Nous qualifions de vieux
ce qui est venu avant nous, les hommes
et les choses du passé, sans nous aperce-
voir que c'est nous qui vieillissons et que
ce qui nous a précédés était encore, par rap-
port à nous, de la jeunesse.

Ils ont une marche si lente dans la voie
des transformations du monde, les villages
maritimes d'Oleron et de Ré, que je suis
bien sûr de ne leur voir jamais atteindre ce
qu'on appelle aujourd'hui leur *fin de siècle*.
Ils conserveront longtemps leurs mœurs des
premiers âges. Hospitaliers, sobres, coura-
geux, les pêcheurs de La Cottinière et d'Ars
ne laisseront pas entamer ces précieuses
qualités. Ils n'ont pas entendu parler des
décadents ni des *symbolistes*. En face de
l'océan, on n'a pas besoin d'accouplements
de mots fantasques pour susciter des impres-
sions factices. L'océan parle plus clair et se
charge, à lui tout seul, d'impressionner les
moins sensibles. Ils sont à l'abri des ravages
de l'*égotisme*, leur *moi* ne les inquiétant
guère. Quand il faut éviter les écueils, fuir
le gros temps, faire la manœuvre, poursui-
vre le poisson, ils ont autre chose à faire que

regarder en dedans d'eux-mêmes pour ana-
lyser leurs sensations. Les questions sociales
leur sont aussi étrangères que les raffine-
ments intellectuels. Nul n'est attelé à une
besogne plus rude et moins lucrative. Mal
nourris, mal logés, veillant une partie des
nuits, exposés à des dangers continuels,
s'ils se plaignent quelquefois, il ne faut
qu'une bonne pêche pour leur rendre la
gaîté et l'entrain. Les marins aiment leur
métier.

Ceux de La Cottinière s'adonnent princi-
palement à la pêche du homard et de la sar-
dine. Les homards se tiennent sous les rochers de la côte, n'émigrent pas. On en prend
en tout temps. Les sardines passent à proxi-
mité d'Oleron, dans le voisinage de La
Cottinière, pendant les premiers mois d'été,
au retour de leurs pérégrinations dans les

eaux du midi. Leur pêche commence au mois de juin et finit au mois d'août. Elles quittent alors les parages d'Oleron, vont plus au nord, dans les eaux du Croisic, de Concarneau et de Douarnenez. Je ne sais rien de plus incertain que la pêche des sardines. Que de fois le bateau rentre sans avoir rencontré le banc, sans avoir pu l'appâter, ayant jeté sa *rogue* en pure perte! Mais une rencontre heureuse paye de toute la peine ; les paniers de sardines ne restent jamais au compte du pêcheur.

La flotille de La Cottinière commence à se disperser. Les Bretons remontent chez eux ; les Arcachonnais, avec leurs légers bateaux, n'osent pousser plus loin la poursuite des bancs de sardines et rentrent en Gironde. Les marins du pays vont bientôt se servir d'autres filets et pêcher d'autres poissons. La mer ne chôme pas pour eux.

9 août.

J'ai fait la connaissance d'un brave et bon
marin de Saint-Trojan.

Jeune encore et dans tout l'épanouisse-
ment de sa force physique, après avoir sillonné les mers les plus lointaines sur les
bateaux de commerce et les vaisseaux de
guerre, il est rentré dans sa bourgade natale,
au bord de ce Couraut d'Oleron, où il avait
fait, dès l'âge de dix ans, un rude apprentis-
sage.

Son père mort, sa mère remariée, on le

jeta sur une chaloupe de pêche. Le voilà, brossant le pont, tirant le filet, lavant le poisson, gagnant sa vie, à l'âge où tant d'enfants ne connaissent que les joies des amusements nouveaux et les gâteries de la famille. Son patron le rudoie. Les patrons, même les meilleurs, sont durs au parler pour les mousses. Tout ce qui touche à la mer a quelque chose de violent.

Il est rompu au métier, prêt à tous les sacrifices, lorsque l'inscription maritime l'appelle dans les équipages de 'a flotte. Ses années de service sont des années de repos, comme une éclaircie dans sa vie si pénible, si noire, si étroite, passée jusque là sur le pont du petit bateau de pêche, ou dans la cale infecte, au milieu des filets et des paniers de poissons, sans ami, car le patron, qui partage ses dangers et ses fatigues, n'est pas un camarade pour lui.

Après son congé, il achète un bateau, la *Louise*, qu'il payera sur les bénéfices de ses pêches. Il devient patron à son tour, et patron estimé, car il connaît la mer, et s'il faut sortir d'une mauvaise passe, éviter un danger, faire un acte de courage et de sang-froid, nul ne peut lui en remontrer. Habile pêcheur, avec cela, sachant draguer au bon endroit, ménager son filet et prendre le vent propice. On s'accorde à dire que sa chaloupe est une des meilleures et des mieux conduites de Saint-Trojan.

Je l'ai s· 'vi dans une de ses pêches, à bord de la *Louise*, par une belle journée de soleil.

L'équipage est peu nombreux : — un vieux marin, droit encore, l'œil sûr, sachant tenir la barre et pouvant, dans les moments de presse, donner un coup de main à la ma-

nœuvre ; — le mousse, un gringalet de vingt
ans, indolent comme un Napolitain, serrant
entre ses dents un brûle-gueule, employé
aux besognes infimes, se pendant aux cordes
de la voilure, poussant au treuil, et dormant
au soleil, étendu sur le pont, quand sa tâche
est faite ; — le patron enfin, toujours debout, veillant à tout, guettant la brise, la
figure réjouie, franc, cordial, bon enfant.

A sept heures, les voiles sont hissées ; les
chaînes d'amarrage s'enroulent bruyam-
ment sur le treuil ; l'ancre écorche le sol et
quitte le fond ; le bateau file lentement.
Nous avons au vent cinq cents mètres de
toile avec la grand'voile, la misaine, le foc
et les deux huniers ; pour une chaloupe de
quinze tonneaux, c'est une belle couverte.
Mais la brise est faible, ce matin, sur le Couraut, et nous devons aller loin avant de
commencer la pêche.

Le bateau fait sa toilette en marchant; le pont est brossé; les câbles et les *funes* du filet sont enroulés; les provisions sont déposées dans la cale. On ne part pas sans provisions, car l'heure du retour est toujours inconnue. Si le vent vient à manquer, si la marée est contraire, il faudra rester au large, peut-être passer la nuit sur l'océan.

Pour le pêcheur, le vent est la grosse affaire, l'auxiliaire indispensable, l'âme du bateau. Aussi, comme il s'en inquiète, lui parle, l'appelle! tout doucement, d'une voix câline, engageante, quand il est trop faible : « Mon petit vent, viens-t-en donc !... souffle un peu !... que fais-tu ? ne veux-tu pas de nous ? » Dès que la risée se fait sentir, il l'excite, l'encourage, la flatte : « Et pique donc, pique encore !... affraîche !... verdis la ! » — Car le vent verdit la mer. La surface unie et luisante des lames se casse, se froisse sous la brise ; et le regard, au lieu de glisser, pénètre dans leur transparence verte.

Cette causerie du marin avec le vent n'a rien d'étrange. Ils se connaissent depuis si longtemps, se retrouvent chaque jour face à face. Ce sont de vieux amis. Le pêcheur est habitué à ses caprices, ne lui en garde pas rancune. Les jours de brouille et les crises de colère sont vite oubliées.

La mer frissonne au moindre souffle, se moire, miroite au soleil, jette des éclairs. On dirait que des myriades d'étincelles s'allument et s'éteignent au contact de l'eau. Les vagues sont pailletées, scintillantes, piquées de points brillants très mobiles. De chaque côté de l'avant du bateau montent des bulles d'air, qui crèvent avec un léger crépitement à peine perceptible. Le bruit des flots sur le rivage et les écueils de Maumusson arrive jusqu'à nous, fondu en un roulement sourd, continuel, en une même note grave d'une tenue infinie. Ce gronde-ment vient de si loin, que l'on se sent ici au milieu d'un grand silence et que l'on entend assez nettement le petit bruissement des bulles dans le sillage. La côte s'est abaissée, perdue à l'horizon ; seules, quelques dunes émergent, très floues malgré le soleil qui les éclaire. Et le silence est devenu complet.

Un lougre passe à quinze cents mètres. Les matelots chantent, sur le pont. Nous écoutons leur chanson, un air vieillot, très fluet, très blanc, qui s'éteint tout à fait quand le bateau s'éloigne.

Nous sommes à trente kilomètres au lar-ge d'Oleron. Il est temps de virer de bord et de commencer la pêche.

— Allons ! lève-toi, l'endormi, dit le patron au jeune mousse qui est accroupi depuis une heure sur le pont, fumant des pipes, ne parlant pas, ne songeant à rien.

Le mousse ôte sa pipe de la bouche et l'enfonce, encore brûlante, dans la poche de son pantalon en toile bleue, qui est relevé au-dessus des genoux et laisse passer les jambes nues, plus colorées que du pain d'épice. Il est vêtu d'un gilet en tricot blanc, rayé de bleu ; sa tête est coiffée d'un béret brun, tiré en avant, écrasé sur les yeux. Il se lève non-chalamment. Il sait ce qu'il a à faire, car sa besogne est toujours la même, et, depuis trois ans, il n'a pas quitté la *Louise*. Mais le patron commande d'une voix rude, repre-nant chaque fois la manœuvre par le détail : « Amarre la *relingue* de plomb... Est-ce fait ? Fixe la *relingue* de liège... La poche des empêches est-elle bien libre ?... Atten-tion! je jette le rets; tiens bon et laisse filer...

pas si vite, maladroit ; je ne veux pas qu'il se retourne. »

Quand tout ne marche pas à son gré, s'il se produit quelque secousse dans la descente du chalut, si l'un des côtés plonge plus vite que l'autre, à chaque à-coup, le patron lâche une bordée d'injures contre le mousse : « C'est un propre à rien... Ça n'a pas une idée... Le pauvre garçon manque d'intelligence ; il sera toujours malheureux... Fainéant, n'as-tu pas les yeux ouverts ? N'as-tu pas assez dormi ? Tu es paresseux comme une couleuvre... Ça va faire son service et ça ne sait seulement pas manœuvrer... Ah! il en faudra de la discipline pour un gaillard comme ça !... »

Et le mousse continue son petit train, sans s'inquiéter des bourrades de son maître, le sachant très bon, très doux, malgré ses façons de loup de mer.

Le filet est descendu par douze brasses d'eau ; il drague un fond de sable jaune, coin excellent pour les raies et les soles. La chaloupe, appuyée par le vent, s'incline et traîne le chalut d'une allure régulière. « Ça va bien, dit le patron, nous ferons un bon lan. » Il jette la sonde : nous avons onze brasses et toujours fond de sable.

La barre est retirée, le vent et le filet devant conduire le bateau sans gouvernail. C'est l'heure du repas. On s'assied sur le pont, tous ensemble. La pêche se fera seule, maintenant. — Et l'on conte des histoires de la mer. Le vieux matelot a fait le tour du monde ; il a plus d'une aventure dans son sac. Le patron a sillonné le Pacifique et relâché dans nos principales îles d'Océanie ; il a vu le Tonkin au début de l'occupation. Avec leurs récits de voyage, le dîner se prolonge. Ce n'est pas que ces récits soient intéressants. Ils ont voyagé en matelots, sans curiosité, n'ont pas su voir et ne savent pas raconter. Ils sont plus émus et plus touchants quand ils parlent de leur commerce intime avec la mer, de leurs pêches anciennes, des beaux coups de rets, des tempêtes qui les ont assaillis, des courses folles sous le vent, des avaries du bateau. Dans le grand silence de l'océan, on écoute ces faits-divers de la vie du marin avec une attention recueillie.

Une bouée à trompe nous envoie d'instant en instant, à chaque lame qui la soulève, une note lugubre. Quelques goélands passent en poussant des cris secs.

Nous avons toujours le vent. Le beau temps pour courir le large ! Il s'en fait du chemin en une heure !

Le patron veut connaître le fond.

— Va sonder, drôle, dit-il au mousse qui a repris son attitude de paresse et fume son brûle-gueule, étendu sur le ventre. Graisse ton plomb, que nous voyons si c'est de la vase... Pas tant de suif... Quel gorille! il en met partout; le pont sera propre... Allons! jette comme ça, à l'avant... Ah! dégourdi, il faut tout lui dire... Cours à l'arrière et fais sauter le plomb, que nous voyons si ça va vite... Ça ne marche pas. Je réponds bien que c'est de la vase, si ça ne marche pas... Cette gueuse de chaloupe à voiles rouges, là-bas, va mieux que nous; elle a trouvé la brise.

— C'est du sable fin, dit le mousse.

— En es-tu sûr? fais voir... Tu appelles ça du sable, sauvage, lourdaud! Ne vois-tu pas que c'est de la vase et de la vase noire. Il lui faudrait des lunettes à cet enfant de noce... Je savais bien que c'était de la vase.

Un panache de fumée embrume l'horizon.

— C'est un anglais, dit le vieux matelot.

— Tu connais ça à la fumée ?

— Non, je le vois à la construction.

Et le vapeur disparaît au large.... Deux trois-mâts, toutes voiles dehors, sortent de *la rivière de Bordeaux*. Ce sont des *pétroleurs* qui ont déposé leur chargement à Lormont et retournent en Amérique. Et mes marins reconnaissent ainsi toutes les voiles qui passent. Aux plus lointaines distances, tandis que j'aperçois à peine le bateau, ils disent son nom, savent d'où il vient et où il va. La couleur de ses huniers, l'inclinaison de son bout-dehors, sa découpure sur le ciel suffisent aux gens du métier pour établir son identité. — Voici un bon marcheur. — Celui-là est lourd, se laisse distancer. — Chacun dit son mot et donne son appréciation.

La houle vient à nous lentement, par lames profondes. Et cependant la brise mollit.
Le bateau ne marche plus, allourdi par le
filet. Le soleil décline. Il faut finir la pêche
si l'on veut arriver au pertuis avant le jusant,
rentrer au port, coucher chez soi.

Nos hommes se mettent au treuil et enroulent le câble, tandis que le patron, cou-
ché à l'arrière, surveille l'amenée du filet.
Après un quart d'heure de manœuvre, le
voilà qui paraît. On le hisse à bord. Le dé-
gagement du poisson commence. Des soles,
des séteaux, des raies sont jetés sur le pont,
pêle-mêle, au milieu des crabes que l'on
écrase et des méduses gluantes. Toute « la
saleté » est rendue à la mer. Le mousse lave
le poisson, le trie, le dispose dans des paniers, accouple les soles et les séteaux de
mêmes dimensions, et descend le tout dans
la cale. Le pont est nettoyé, le filet passé à

l'eau, replié dans un coin provisoirement, en attendant d'être suspendu aux mâts pendant le mouillage. Les câbles et les funes sont enroulés. Nous repartons à toutes voiles.

Déjà le roulement des flots sur les bancs de sable de Maumusson et la grève d'Arvers se fait entendre. On dirait le bruit lointain d'une cascade. Derrière nous, la bouée à trompe mugit. En avant, la côte d'Oleron se dessine. Les bateaux, qui pêchaient au large, se rapprochent. Le soleil descend, plus grand, plus doré. Une flottille de sloops et de chaloupes vient de terminer sa pêche aux crevettes et se dirige vers le pertuis. La brise du nord-ouest les pousse. Ils sont quarante au moins, et vont en rangs serrés, Chapusais et Trembladais aux voiles rouges ou blanches, regagnant leurs ports.

La journée finit. A cette heure, le vent de mer tombe. Nous devons compter sur le courant, peut-être sur les avirons. « On nagera s'il le faut, » dit le patron, qui soupire après les risées, peu soucieux de faire *nager* ses grandes rames. L'océan devient désert. La flottille des pêcheurs de crevettes a trouvé la brise de terre et file le long de la côte, rapide comme un vol d'oiseaux. Nous ne marchons pas.

Une longue traînée de feu, très vive auprès de nous, plus diffuse à l'horizon, illumine la mer : c'est le reflet des derniers rayons du soleil. Il va se perdre dans les flots, laissant au bas du ciel une brume chaude. De l'autre côté, la lune paraît, déjà haute, sur un fond violet, et jette à son tour sur l'océan une autre traînée de lumière, très pâle, qui fait miroiter les vagues.

Les grondements de Maumusson sont plus

distincts. Nous avons gagné la brise de
terre ; nos voiles se gonflent et inclinent le
bateau. Le courant nous porte. La passe est
bien vite franchie. Après quelques bordées,
à dix heures du soir, nous jetons l'ancre dans
le Couraut.

La monotonie des dunes, toujours si doucement ondulées, sans secousses imprévues,
sans jaillissements brusques, ne me cause
aucune impression pénible. On sent à peine
leur petitesse et leur uniformité. Dans le
sous-bois, la cime des pins arrête très près
le regard, cache le sommet des monticules,
jette sur les enfoncements un rideau impé-
nétrable.

Le vent et la mer ont fait les dunes : la

mer en fournissant le sable, le vent en le portant grain à grain, sans cesse, depuis des siècles. C'est ainsi que l'océan rend à la côte ce qu'il lui a pris ailleurs. Merveilleux équilibre ! Prodigieux travail d'engloutissement et de reconstruction, qui, chaque jour, arrache à l'homme un peu du vieux monde et lui donne en échange un morceau de terre nouvelle.

Il faut voir marcher le sable sur la grand'côte, quand le soleil a séché la plage. Il roule, glisse, s'avance, par longues bandes, comme une troupe en ordre de bataille, se suivant sans interruption, indéfiniment. Je suis resté des heures, étendu de mon long, le regardant passer. Rien ne le lasse. Les petits obstacles que j'élevais, palissades de joncs, barrières de coquillages, ne le retardaient qu'un moment ; il reprenait bientôt son voyage, de la même allure, gagnant du terrain, allant sur les dunes pour s'y fixer, ne retournant jamais en arrière.

Aux jours de grand vent, des nuées épaisses de sable fin, grises ou dorées, se lèvent et s'en vont, d'un vol rapide, se buter contre les chaussées, se déchirer aux haies de tamarins, s'abattre sur les champs de vignes et les massifs de roseaux. Et cette émigration n'appauvrit pas la plage ; chaque marée la recharge ; chaque maline lui laisse autant de sable que les ouragans en ont emporté.

Ces monceaux de sable ont englouti, dit-on, l'ancien Saint-Trojan; ils protègent maintenant la bourgade nouvelle, en ajoutant une autre ligne de dunes à celles qui existaient déjà. Le territoire de l'île s'agrandit progressivement dans cette pointe méridionale, la plus exposée aux mauvais coups de mer.

L'homme a asservi le vent, s'en est fait un collaborateur dans son œuvre de création.

Car c'est vraiment une création de l'homme que ce prolongement de la terre, ces espaces gagnés d'année en année sur l'océan. Il a arrêté le sable par des plantations de joncs. Sur l'emplacement qu'il a désigné d'avance, des dunes se sont élevées. Il les a immobilisées et en a fait comme un rempart autour de l'île que les flots rongeaient autrefois. Les vieilles dunes, édifiées par le vent et par la mer, il s'en est emparé, les a recouvertes d'une belle forêt de pins.

La forêt de Saint-Trojan a des dessous d'une variété infinie : des tapis fauves, — jonchées d'aiguilles résineuses, — que ne perce aucune petite plante ; plus loin des nappes de lichens gris ; des fouillis de pins naissants, d'un vert tendre; des massifs d'arbustes déjà hauts, venus à l'ombre des grands arbres, tout naturellement des graines tombées. Cette seconde forêt, sous l'autre, est vivace; fille de la vieille forêt qui a souffert, dont les rameaux sé-chés sont garnis de mousses blanches, elle a trouvé un sol préparé, de l'humus mêlé au sable de mer. Elle est fraîche, jeune, vigoureuse. L'autre a fait son temps et peut partir. Elle est prête à la rempla-cer.

On se perdrait dans ces fouillis. Les gens du pays en connaissent les sentiers, les sui-vent sans s'égarer, par les nuits les plus noires, se guidant au bruit des pas sur le sol battu, à la résistance des aiguilles de pins tassées et écrasées. En plein jour, j'ai peine à retrouver mon chemin dans toute cette verdure ou sur ces interminables tapis fauves.

Quelques-uns de ces sentiers, de ces *routins*, me sont pourtant devenus familiers ; j'en sais les détours ; j'en aime le décor. J'y ai cueilli des bottes de fleurs sauvages, des œillets roses, des daphnés blancs, des immortelles jaunes.

Les fleurs jaunes sont ici les plus nombreuses ; elles s'harmonisent mieux que les autres avec la teinte générale, le fond du sous-bois. Les rouges et les bleues, les salicaires, les mauves, les vipérines, poussent de préférence au bord des routes, sur les talus et dans les fossés. Les marais ont leur flore spéciale. Au milieu de la forêt, dans les bas-fonds, partout où séjournent les eaux de pluie et où s'infiltrent les eaux de mer, les herbes de marais pullulent ; ce sont des roseaux à aigrettes brunes, de gros joncs noueux, des orchidées et des menthes.

Presque toutes ces fleurs ont des odeurs pénétrantes, surtout celles qui viennent dans le sable sec. Sous les rayons du soleil, la forêt tout entière s'embaume. Les aiguilles mortes, que l'on foule, les troncs résineux des pins, les immortelles et les œillets des dunes, les pouliots des marais, mêlent leurs parfums. Il s'exhale de tous les coins du bois une senteur un peu âcre, très vivifiante, que l'on respire à pleins poumons.

Et sur ces dunes, sur ces arbrisseaux, sur ces fleurs, les dômes des pins se balancent, bruissent, murmurent. La forêt, qui a les ondulations de la mer, en a aussi la voix : elle gémit ou gronde et garde comme une résonnance du brisement des vagues sur la grand'côte.

13 août.

A la pointe de Maumusson, sur la grand'-côte, on a bien la sensation de l'infini, avec l'océan sans limite et la grève immense.

Le sable s'accumule ici, allonge le banc de Gatseau, élargit le fond de l'île. Les dunes s'ajoutent aux dunes. Les baies s'exhaussent, se dessèchent, deviennent peu à peu inaccessibles aux plus hautes eaux. Des chardons fleurissent, où passaient les navires il y a vingt-cinq ans.

Ces vastes étendues bosselées, tourmen-

tées, mouvantes, sont encore stériles. La
forêt de pins ne vient pas jusqu'ici ; des buttes nues la cachent. On marche pénible-
ment ; les pieds s'enfoncent. Dans les plai-
nes, une croûte salée, durcie par le soleil,
se casse sous les pas. Les monticules crou-
lent lorsqu'on veut les franchir. Il semble
que ce coin de terre n'ait rien de définitif,
ne soit qu'une ébauche, un commencement.

Et c'est, en effet, le commencement d'une
terre nouvelle. Les dunes verdoyantes de
Saint-Trojan n'ont pas eu d'autre origine.

Il n'y a pas un galet sur cette partie de
la côte. Rien que du sable fin, très légère-
ment teinté de jaune ; rien que de la poussière de coquillages. On assiste, en quelque
sorte, à l'émiettement de ces coquillages.
Dans les parties abandonnées depuis longtemps par la mer, ils ont perdu leur coloris

et leur brillant. Des insectes invisibles les percent, s'y logent et s'en nourrissent. La pluie et le vent achèvent l'œuvre de destruction.

Les plantes qui poussent dans ce désert ont des nuances pâles, cendrées, sans éclat, assorties à la couleur du sable. Elles sont clair-semées, vivent par petits groupes, de distance en distance, sur le revers des buttes et dans les enfoncements abrités. Les joncs y sont rudes, secs et gris. Des chardons laiteux, d'aspect métallique, s'y couvrent de fleurs bleuâtres si fragiles qu'un jour de soleil suffit pour les ternir.

De tous côtés, à perte de vue, on chercherait vainement une touffe verte, une plante gaie et vivante.

J'ai vu la grève de Maumusson par un

ciel radieux, en plein midi. L'air, échauffé au contact du sable, vibrait, montait par effluves. La nacre des coquilles étincelait. Au loin, un mirage se produisait, coupant la plage comme une baie profonde, me barrant la route. Et, tout le long de cette côte torride, la mer bondissait, roulait ses vagues, furieuse et assourdissante. Et la grève et l'océan m'ont apparu si sauvages, si inhumains, qu'une émotion poignante, indéfinissable, s'est emparée de moi.

Je l'ai revue sous un ciel gris comme elle. Le sable avait perdu son scintillement. Les chaînes des petites dunes fuyaient à l'horizon, très mornes. Sous les coups du vent, des nuages de poussière s'envolaient et venaient me frapper au visage. Les joncs bruissaient. Des mouettes passaient en criant. Le désert paraissait plus

grand ; il me tardait d'en sortir. Je me suis
mis à regretter le soleil de l'autre jour.

Mon Dieu, que cette grève est triste !

16 août.

Les routes en plaine semblent ne pas finir.
On se lasse vite sur les chaussées blanches
en droite ligne. Entre Saint-Trojan et Chassiron, les deux bouts de l'île, le ruban monotone s'étend indéfiniment, sans une côte,
presque sans un détour. Les voitures vont
d'une allure monotone, au trot cadencé de
leurs chevaux. Des rangées de peupliers et
d'ormeaux jettent un peu d'ombre sur le sol.

Des groupes d'habitations, hameaux, bour-
gades et petites villes, sont échelonnés sur

le parcours. J'en cherche les noms sur ma carte. D'où vient cette prédilection pour les désinences en *ière* ? La Giraudière, La Gombaudière, La Chevillonnière, La Cottinière, La Cuissière, La Missandière, et ainsi toujours, des deux côtés du chemin, jusqu'à la pointe de Chassiron.

Nous longeons d'interminables marais salants. Ces réservoirs à compartiments, très plats, très symétriques, ressemblent à des damiers, à de la marqueterie de nacre. L'eau s'y colore et s'y irise. Opaline après les fortes évaporations des jours chauds, elle devient rougeâtre quand il a plu.

Des tas de sel coniques, très blancs, s'élèvent sur leurs bords. On dirait des tentes d'Arabes dans la plaine.

Il n'y a pas un arbre autour de ces marais ; il leur faut le grand soleil et le vent continuel de la mer. Les feuillages gris des absinthes, les *fleurs de sel* qui gardent pendant un an leur couleur violette, de minuscules soleils d'or, se mirent dans les nappes d'eau et les encadrent.

L'île est très fleurie. Les jardins et les devants des portes sont garnis de résédas, de belles-de-jour, de basilics, de géraniums. Dans la traversée des villages, la route en est bordée. Il y en a aux fenêtres et sur les murs. Cette parure sied bien aux maisons de pêcheurs, si blanches, si propres. Des clématites odorantes grimpent aux angles des cours, sous les hautes potences où pend et sèche le poisson que l'on approvisionne pour l'hiver.

De loin en loin des moulins à vent tournent leurs grandes ailes. Ils font leur travail sans bruit, tout seuls, mélancoliquement, comme autrefois. Car rien n'a changé en eux depuis des siècles. Ce sont des machines très simples et très vieilles.

Et je les aime, parce qu'ils me rappellent les premiers jouets de mon enfance, les petits moulins à vent que je faisais mouvoir avec une ficelle, peints en blanc et en rouge comme ceux d'Oleron. L'industrie a compliqué tout cela aujourd'hui. Les grands moulins à vent s'en vont et les petits moulins à vent sont démodés. Il faut aux hommes d'autres outils et aux enfants d'autres jouets, plus coûteux et plus savants.

Je les aime aussi pour cet air de résignation avec lequel ils accomplissent leur tâche journalière, ne demandant qu'un peu de brise pour tourner, prenant le vent d'où il vient et le temps comme il est, repliant leurs ailes dans les tempêtes et recommençant, après l'orage, leur invariable mouvement. Alors que tout s'est transformé, ils sont restés les mêmes, comme les hommes de la côte étrangers aux bouleversements des idées et des choses. Chaque jour amène pour eux la même besogne. Si la fortune ne les visite jamais, peut-être que la misère est inconnue sous leurs toits.

Chers moulins à vent, quels âges lointains vous évoquez !

Il faut faire halte à Saint-Pierre, à Saint-Georges et à Saint-Denis. La route est si longue, et ces petites villes insulaires ne sont pas banales, malgré les accommodements modernes de quelques-unes de leurs rues. N'est-elle pas engageante, cette enseigne d'auberge sculptée sur un vieux mur ? CEANS : A : BON : VIN : ET : LOGIS : 1585. Je me suis arrêté devant les grands cadrans

solaires et j'en ai déchiffré les naïves ins-
criptions. J'ai admiré l'élégante lanterne des
morts de Saint-Pierre et la vieille église
romane de Saint-Georges. Les maisons no-
bles ont conservé ici leur ancien titre de
seigneurie; elles sont tristes et décrépites,
sous d'épais ombrages, derrière de hautes
murailles grises.

Des amas de *sarre* pourrissent dans les
champs, à droite et à gauche de la route.
Il s'en exhale une forte odeur d'iode. C'est
avec ce goémon que les gens du pays
fument leurs vignes et leurs blés.

L'île se rétrécit. Nous approchons de la
pointe. Le phare de Chassiron se dresse sur
la falaise. Car le sol s'est élevé insensiblement et les vagues du pertuis d'Antioche
l'ont taillé à pic. La falaise s'écroule sous
leur choc, tombe par blocs et va rouler dans

les flots. Si le pertuis de Maumùsson se res-
serre chaque année, celui d'Antioche, au
contraire, s'élargit. L'île de Ré et l'île
d'Oleron se séparent, s'éloignent de plus en
plus. Sur cette côte rocheuse, la mer gagne
et fait des ruines. On a dû abandonner l'ancien phare, en construire un nouveau dans
les terres. Il n'y a pas de plage ; la marée
basse ne découvre que des écueils, un lit de
rochers crevassé, coupé de *banches* et cou-
vert de varech. Voilà bien la « mer sauvage, » dont la fureur est sans répit !

S'il n'y a pas trop de fatuité à m'appliquer à moi-même une pensée de Loti, je puis dire, en lui empruntant une de ses phrases, qu'ici je recule les limites de mon âme en la mêlant un peu à la sienne. Je fais de Pierre Loti le compagnon de mes courses sur la grand'côte et de mes rêveries dans la forêt. Ne lui dois-je pas la meilleure part des émotions que je ressens?

Il a gardé un si doux souvenir de l'île d'Oleron, de « l'île »! — car il l'appelle

ainsi, comme s'il n'y avait qu'elle au monde.
Ce qu'il y a de plus tendre en lui, de plus
attachant, il me semble que les journées de
sa première enfance, passées dans « la maison familiale » de Saint-Pierre ou sur les
rochers de La Cottinière, le lui ont donné ;
il me semble même que cela vient de plus
loin, — de « l'antérieur amoncelé des du-
rées », — de « la fraîcheur matinale des autrefois », — de ces ancêtres huguenots qui
dorment au fond du vieux jardin, — de cette
famille insulaire, si bonne, si aimée, — de
sa tante Claire, la fée bienfaisante de sa jeunesse, — de sa mère, dont il a si souvent
et si bien parlé, elle aussi née dans l'île.

Les histoires de l'île ont bercé ses rêves
d'enfant, histoires des temps passés, à demi
perdues dans l'oubli, où étaient « toujours
mêlés des grands-oncles jamais connus,
morts depuis bien des années ». Avant qu'il

ait commencé à vivre de sa propre vie, tout ce lointain d'avant lui avait rempli son âme.

Un séjour sur la grand'côte, dans un village de pêcheurs, vers huit ans, a laissé dans ses yeux et dans son cœur une trace ineffaçable. C'est de là que date son premier amour pour la mer ; c'est là qu'il aima sa première petite amie, Véronique. « Que sera-ce de cet enfant ? » écrivait sa sœur, quand il quitta l'île. Il était déjà délicieusement triste, rêveur, impressionnable et tendre.

Cette nature, toute de délicatesse, de sensibilité, de douce mélancolie et de compatissante affection, qui se révèle dans ses œuvres les plus impersonnelles, apparaît avec un saisissant relief dans les livres *qui sont lui*.

Je viens de lire son *Roman d'un enfant* et

son dernier ouvrage, le plus touchant peut-
être de ceux qu'il a écrits, *Le Livre de la
pitié et de la mort*. Les souvenirs de l'île
d'Oleron y reviennent en des pages exqui-
ses. On y assiste à l'éclosion de son âme
étrange, troublée et troublante, faite d'une
foule d'émotions héritées des ancêtres de
Saint-Pierre. Ce berceau de sa mère lui
tient au cœur. Les grands-parents, les
grands-oncles, l'aïeul Samuel, qui ont vécu
et sont morts ici, l'obsèdent. Leurs noms,
entendus dans son enfance, quand sa
grand'mère et ses vieilles tantes en cau-
saient, les soirs d'été, assises sous les jasmins fleuris, n'ont jamais quitté sa mémoire.
Tout jeune, il les évoquait, remontait jusqu'à eux, les associait à sa vie. Ce passé
d'un siècle entier a pénétré véritablement
en lui. Dans ses visions des autrefois intimes,
le logis d'Oleron et la maison de pêcheurs de

la grand'côte apparaissent comme des choses saintes. Il y a commencé ses tristes et
douces rêveries d'aujourd'hui.

Par un besoin inné de précision, qui me
tourmente toujours, j'ai voulu connaître de
très près ce nid de l'âme de Pierre Loti, remonter jusqu'à la source même de ses pre-
mières sensations, voir le berceau de ses
ancêtres, la maison familiale de Saint-Pierre.
Sa famille insulaire est éteinte ; la maison,
depuis un demi-siècle, a passé en d'autres
mains. Les vieillards de l'île, que j'ai inter-
rogés, n'avaient pu me renseigner. La plus
gracieuse et la plus sûre des indications m'a
mis sur la voie. J'ai pu, « ami inconnu, »
franchir le seuil vénéré et relire, assis sur le
banc de bois de la cour silencieuse, quelques
pages du *Roman d'un enfant* et l'admirable
évocation qui a pour titre : *Dans le passé mort.*

Elle est bien telle qu'autrefois, cette maison de Saint-Pierre, aux volets verts foncés,
un peu perdue dans une rue transversale.
Au pied du mur de façade, une étroite
bande de plantes fleuries. Un grand portail
cintré, vert aussi, qui ferme la cour. — Elles
ont comme un 'air de recueillement, ces
cours des maisons de l'île. — Et je me suis
rappelé aussitôt les deux tantes mortes, très
jeunes, vers 1820, qui s'attardaient là « les
soirs des printemps d'alors, à chanter des
duos accompagnés de guitares... » Les
vieux jasmins à fleurs blanches ont disparu ;
des clématites blanches grimpent à leur
place. Un amandier séculaire, des tilleuls
touffus font une ombre épaisse. Derrière ces
feuillages, la maison paisible, un peu triste,
pleine des souvenirs d'une famille bienfaisante religieusement entretenus par le maître
d'aujourd'hui, toujours hospitalière, a con-

servé ses grandes pièces sombres où le soleil ne pénètre qu'à travers les branches des
arbres.

Le jardin, planté de buis, s'étend entre
deux murs que tapissent des vignes. Deux
chattes, choyées comme les deux « Mou-
mouttes » de Loti, y jouent sur le gazon.
Un puits très ancien, en pierres blanches,
a sa margelle usée par le frottement de la
corde. Auprès de lui est l'auge, *le timbre*,
où l'on approvisionnait l'eau nécessaire au
ménage. Il y a bien longtemps que ce timbre est là et qu'on ne s'en sert plus. Et tout
au fond du jardin, sous un massif de petites
pervenches bleues, dorment les ancêtres,
morts aux époques des persécutions, en paix
dans cette terre qui était leur.

Je comprends la mélancolie, la simplicité
et la résignation de ces familles huguenotes;

je comprends aussi le culte des souvenirs qui s'y rattachent. L'âme impressionnable de Loti s'est en quelque sorte épanouie dans ce milieu si calme ; elle en a gardé le parfum des « fleurs d'ennui, » un parfum subtil, qui endormirait les courages, si l'on n'y prenait garde et s'il n'était combattu par les effluves de charité, de compassion, de dévouement qui s'exhalent de toutes ses œuvres.

« Le poisson parle la nuit », me disait un pêcheur ; « nous le voyons et l'entendons nager ; nous l'entendons se prendre dans le rets. »

J'ai voulu entendre parler le poisson.

Il est neuf heures du soir quand nous appareillons. C'est vite fait : le bateau est si petit, une yole légère qu'un homme peut mener sans bruit avec deux avirons. Car il faudra *nager* jusqu'au jour, la voile ne se hissant jamais pendant cette pêche. Un homme pour filer et lever le rets, un rameur et moi troisième, nous partons.

Le temps est calme et la mer unie sur le Couraut. La lune ne se lèvera qu'après onze heures. Dans le ciel pur, toutes les constellations sont allumées. Nous voyons les feux du Château, celui de l'embouchure de la Seudre, et tout au loin, vers le nord-ouest, une petite lueur : l'éclat intermittent du phare électrique des Baleines. Les côtes se perdent dans l'ombre ; seuls, quelques points brillants scintillent aux fenêtres de Saint-Trojan, de Ronce, d'Ors, du Château et du Chapus.

Ici, sur le Couraut, c'est le profond silence ; la mer est endormie. De l'autre côté de l'île, l'océan gronde. Maumusson grogne vilainement. Mes marins écoutent ce roulement, qui nous arrive par-dessus la forêt de pins, plus fort que de coutume, et s'en inquiètent.

— C'est de la brise pour le matin.

— Cela ne me dit rien de bon ; là-bas, la mer sent le gros temps.

Mais il n'y a rien à craindre sur cette mer intérieure dont nous ne quitterons pas la côte. Pas une vague. Pas un souffle.

L'eau, sous les coups d'aviron, s'éclaire ; et la poussée de la rame chasse profondément ce rayon lumineux. Le sillage du bateau brille. Les gouttelettes qui tombent des avirons, celles qui rebondissent le long des flancs de la yole semblent une pluie de feu pâle. La phosphorescence de la mer ne se produit que par les nuits noires et calmes comme celle-ci. Ce soir, elle est douce, argentée, un peu bleuissante, assez pareille à la clarté de la lune. Quand le pêcheur, debout à l'avant de la yole, relève son filet, le traînement des mailles dans l'eau répand une vive lueur qui illumine les couches profondes et suit le filet jusqu'au bateau; et quand il l'égoutte dans ses mains, on croirait que le pêcheur sème des vers luisants.

Nous allons, le plus silencieusement possible, vers les endroits préférés des poissons, sur les rochers d'Ors et le banc d'Agnas, attentifs aux moindres bruits.

— Avez-vous entendu? me disent les marins. Les poissons sont au large. En voilà deux qui viennent de sauter; ils ne sont pas gros.

Le rameur retire ses avirons, frappe un coup sec sur le tillac et écoute.

— Clac! Clac!

— Ce sont les *meuils* effrayés qui fuient.
Il faut placer le filet à notre droite.

Et l'opération commence... Quand le rets
est tendu, les deux pêcheurs tapent du pied,
battent l'eau, poussent le poisson.

— Clac ! Clac !

C'est le coup de queue d'un mulet qui
vient de s'emmailler.

J'ai peine à percevoir et à distinguer ces
petits bruits. Mes dispositions pour l'étude
des langues sont si médiocres, que je dois
renoncer à apprendre le parler des poissons.

La lune vient de se lever, très rouge, et la
phosphorescence de la mer s'est éteinte aussitôt. Une brume épaisse monte du sud. Il y
a du vent là-dedans. Maumusson gronde
fort. Le ciel se charge. La brise commence
à souffler. « La peau de l'eau » se soulève ;
le clapotis se fait. Sous le vent, la pêche est

impossible. Il faut se tirer de là au plus vite. On lève le filet ; on hisse la voile ; et nous partons pour le rocher d'Erre, de l'autre côté du Chapus, à l'abri de la pointe des Chardons.

Notre yole bondit sur les flots, vole à grande vitesse. Mais les nuages sont encore plus rapides que nous. Le temps s'est gâté tout à fait ; le vent souffle en tempête. Il faut renoncer à la pêche et rentrer. Nous virons de bord et mettons le cap sur Saint-Trojan.

Alors, c'est une course échevelée à travers les vagues ; car la yole les coupe, trop lancée pour les franchir. Accroupis et solidement cramponnés au bateau, nous recevons des paquets d'eau en pleine figure. Cette fuite, dans la nuit noire, dans le bruit de la mer, dans l'éclaboussement des vagues, au milieu des embruns, sur ce petit canot,

avait quelque chose de fantastique. Les ba-
lises et les bouées passaient à côté de nous
comme des spectres ; en arrière, le fort du
Chapus se rapetissait, devenait une tache
informe et disparaissait dans l'ombre. Combien avons-nous mis de minutes pour aller
du rocher d'Erre à l'entrée du chenal de
Saint-Trojan? Je ne puis m'en rendre
compte, ayant perdu, dans l'effarement
de la course, la notion du temps. Notre retour a été extrêmement rapide. Il
était sage de rentrer, car le vent soufflait
toujours plus fort et devait durer toute la
nuit.

En arrivant aux premiers jalons des parcs
d'huîtres, près de l'embouchure du chenal, à
mille mètres du port, au moment où nous
ralentissions notre marche, nous aperçûmes
vaguement un sloop qui carguait ses voiles.

Les passagers, sur le pont, nous voyaient
venir et nous appelaient. Ce bateau, chargé
de baigneurs de Saint-Trojan, rentrait d'une
excursion à Fouras. Surpris par le mauvais
temps, le capitaine voulait aller vite, rame-
ner son monde avant l'orage. Il n'avait pu
prendre, dans l'obscurité, l'entrée du chenal.
Ayant gardé trop de voiles, il s'était lancé
à fond de train sur les vases et y avait
échoué. Il était une heure et demie. Le bateau s'inclinait et allait rester là jusqu'à la
marée de sept heures du matin. Nous cou-
rûmes à son secours.

Les dames, effrayées par la secousse, fouet-
tées par la tempête, en panne dans la nuit
obscure, se désespéraient. Les hommes
avaient perdu leur sang-froid. Ce naufrage
au milieu des vases, au retour d'une partie
de plaisir, ce sauvetage presque à sec, sous
un vent furieux, dans le clapotis qui faisait

danser notre yole, furent pour mes marins un sujet de plaisanterie.

— Nous sommes à l'étroit ici, dit l'un d'eux ; nous ne prenons que les dames.

Il y en avait au moins six à bord du sloop.

— Et surtout, pas d'éventails! Nous n'en avons aucun besoin, cette nuit.

Le vent continuait à faire rage.

— Où faut-il mettre les pieds ? demande une grosse dame, qui vient de se jeter au cou de mon rameur.

— Pas sur les miens, madame, répond le marin, écrasé par ce poids énorme.

Comme une autre se lamentait de laisser son mari sur le bateau :

— Vous pourrez dormir tranquille ; votre mari est à l'abri des coups de mer. Où il est, l'Océan, jusqu'à demain, ne fera de mal à personne. S'il se noie sur les vases, ce sera le premier.

Et quand la yole est pleine, nous partons à force de rames, portant au port notre cargaison de baigneuses.

Une jolie pêche, tout de même, sur laquelle nous ne comptions pas!

24 août.

J'ai assisté aujourd'hui au départ des pêcheurs pour les rochers de La Mortanne et
de Juliar.

La ville du Château donnait une fête de
charité au profit des pauvres de l'île. Il faut
croire qu'il y a partout des misères à secou-
rir. Elles ne sont guère apparentes ici. Les
plus humbles maisons des villages ont un
si grand air de propreté, sont si blanches,
si gaies, si bien fleuries, qu'il semble que

l'aisance et le bonheur ne doivent jamais les quitter. Je ne vois pas de mendiants sur les routes. Le sol de l'île n'est point dur au travail. Les champs y sont morcelés; chacun en possède un carré, grand ou petit, presque de quoi vivre. D'ailleurs, les gens sont sobres et laborieux. La mer a pour eux d'inépuisables ressources. Ils en tirent le sel, les poissons et les coquillages, un bon appoint pour leurs repas de tous les jours. Mais la mer est si souvent inhumaine! Quand elle a brisé le bateau et englouti l'équipage, laissé à la veuve toute une maisonnée de petits enfants, la misère est noire au logis. Les familles en deuil ne sont pas rares dans les villages de pêcheurs. Elles méritent d'autant mieux d'être secourues, qu'elles n'étalent pas leur infortune.

C'est pour donner quelque argent à ces malheureux, que les habitants du Château d'Oleron organisent chaque année une fête de bienfaisance.

Des affiches avaient annoncé la kermesse et donné le détail des jeux et des spectacles qui devaient remplir la journée. Tant de plaisir et une si bonne œuvre ! Je n'essayai pas de résister au désir de mes enfants. — Nous voilà partis pour la fête.

Des ouvriers achèvent l'installation d'un théâtre en plein vent. Des dames et des jeunes filles garnissent de fleurs leurs boutiques de vente, disposent des sirops, des liqueurs et des gâteaux sur les tables d'un bar franco-russe. Plus loin, on dresse des baraques foraines, une ménagerie très peu féroce, un massacre, des tirs à la carabine, le salon d'un diseur de bonne aventure, tout ce qui compose le programme ordinaire des kermesses. Ce coup de feu des derniers préparatifs donne à l'esplanade et au glacis de la citadelle une intéressante animation.

Pendant que ce monde en toilette s'agite, portant des ordres, dirigeant l'ouvrage, travaillant de ses mains, une autre partie de la population s'apprête aussi à une journée de labeur extraordinaire. Nous avons aujourd'hui la grande maline d'août; la marée descend et va découvrir pendant quelques heures la pointe extrême du Doux, le plateau de la Mortanne et même le rocher lointain de Juliar. Les innombrables parcs d'huîtres, établis sur ces bancs rocheux, se trouveront à sec ou à fleur d'eau; on pourra les aborder, les débarrasser du limon qui s'y est déposé depuis la dernière maline, dégager les huîtres trop enfoncées dans la vase, relever les murettes que le flot a renversées. Il faut aussi se rendre compte de la pousse des huîtres plates, trier à la main celles qui

5

seront marchandes à la prochaine maline ;
râteler les portugaises ; les brasser vigou-
reusement pour casser leur dernière pousse
trop fragile, qui se reformera plus épaisse,
plus solide, avant l'époque de la vente. Et
comme les expéditions et les ventes doivent
commencer en septembre, il se fera de la
besogne aujourd'hui dans les viviers de la
côte.

Des villages voisins les pêcheurs se ren-
dent au Château en char-à-banc. Ceux des
fermes les plus proches y vont à pied, par
petits groupes. Aux abords des portes, les
avenues en sont garnies. Dans la ville, la
plupart des maisons se vident. Tout ce qui
n'est pas boutiquier, rentier ou militaire va
à la mer. Cette foule se dirige du même
côté, sur l'esplanade, près du rempart de
l'est, vers la porte basse des pêcheurs. On

dételle les chevaux; presque tous les équipages resteront là jusqu'au retour. Assis sur les murailles, couchés sur le glacis, debout à l'ombre des arbres, on attend. La marée est encore trop haute pour que l'on puisse sortir.

Cette troupe, sans cesse grossissante, des pêcheurs, très calme, presque immobile, se tient à distance des jeunes dames élégantes, empressées aux préparatifs de leur fête. Après le travail, quand le flot les aura chassés des rochers et qu'ils auront mis leurs habits du dimanche, ils reviendront ce soir sur l'esplanade, prendre leur part de plaisir et de bonne œuvre, car les pêcheurs sont généreux et ouvrent volontiers leur bourse à ceux qui ont besoin

Mais qu'ils sont intéressants et beaux, ce matin, dans leur accoutrement de mer! Les femmes, quelques-unes presque vieilles, d'autres encore enfants, portent uniformément la quichenaute blanche, très raide, qui abrite leur visage et laisse flotter sur leurs épaules un couvre-nuque plissé. Elles ont la taille bien prise dans un corsage en percale rayée. Le tablier de toile blanche, boutonné sur le devant, étroit et court, qui recouvre le large pantalon bleu, leur donne un air alerte et dégagé, une ressemblance de cantinières en tenue de campagne. Leurs jambes sont enfermées jusqu'aux genoux dans des guêtres collantes en tissu huilé, ou dans des bas coupés à la cheville et d'où sortent les pieds chaussés de sabots ou de brodequins. Pour les hommes, le costume est celui de tous les jours, le béret brun, la veste bleue et le pantalon de même nuance relevé très haut.

Tous, hommes et femmes, sont armés de

tridents, de crocs, de râteaux en fer, et portent au bras un panier allongé, en toile métallique.

La mer a baissé. La chaussée, qui mène
aux premiers rochers, émerge. Il n'y a pas
de temps à perdre, car la course est longue
jusqu'aux bancs de Juliar. Alors la troupe
se met en marche, sort en rangs serrés, par
la porte des pêcheurs, et défile sur la chaussée, en un long bataillon qui serpente entre
les flaques, s'avançant toujours d'un pas rapide. Quelques groupes s'en détachent et
prennent une autre direction, vers des parcs
moins éloignés.

Déjà la tête de la colonne a gagné le rocher de La Mortanne, et la porte basse du
rempart n'a pas fini de dégorger la masse
énorme des travailleurs. Le ruban humain
se déploie, au milieu des algues, tout ta-

cheté des tabliers blancs des femmes et des vestes bleues des hommes. Cette fourmilière chemine, s'enfonce dans le lointain, et, quand elle a gagné les bancs couverts d'huîtres, se disperse et se perd dans l'éloignement, comme des atomes infiniment petits à l'horizon.

26 août.

Ce matin, grand émoi dans Saint-Trojan.

Le soufflet d'alarme fait entendre des appels lugubres. A ce signal, les armements du canot de sauvetage se rallient, prêts à courir à la pointe de Maumusson. C'est toujours vers cette pointe terrible qu'est le danger.

La mer n'est pas mauvaise aujourd'hui, et les marins, qui descendent de l'observatoire, n'ont aperçu aucun pavillon en berne du côté du pertuis. Qu'y a-t-il donc pour mettre ainsi en mouvement tous les habitants de la bourgade ? — Le président du comité local des sauveteurs vient d'arriver, et le patron du canot profite de cette circonstance pour réunir à l'improviste ses équipages. Nous allons donc assister à une manœuvre.

Ils sont bientôt assemblés, les canotiers : — vingt-quatre matelots vigoureux, choisis parmi les plus hardis de la localité, ayant fait leurs preuves et comptant à leur actif plus d'un acte de courage.

La colonne se met en marche et nous suivons.

De Saint-Trojan à la maison-abri, il y a loin, cinq kilomètres environ par les sentiers de la forêt. Mais la distance est vite franchie. En moins d'une heure la petite troupe

est arrivée, la maison est ouverte et le bateau garni de ses agrès.

Le beau bateau ! il a l'air robuste et
léger ; il est taillé pour couper les vagues ;
les paquets de mer ne l'effraient pas. Rien
ne manque à son bord, les bouées, les amar-
res, les crampons que l'on lance comme des
frondes, les gaffes, les sacs d'huile pour
calmer le clapotis.

Les hommes ont revêtu leur ceinture de
liège et tiennent en mains les avirons. Ils
sont à leur poste. Au commandement du
patron, le canot roule sur un chariot et file
comme un trait dans la mer. Douze avirons
s'abattent en même temps, touchent l'eau,
se relèvent, d'un seul mouvement ; on les
dirait mus par un ressort. Et le bateau s'é-
loigne, fendant la lame, rapide, sans tan-
gage. Il va sur les écueils où les flots se
brisent, remuent le sable, s'entre-choquent,

mêlent leurs crinières blanches et fouettent,
l'air de leurs *embruns*. Nous ne le perdons
pas de vue. Il approche des mathes, en fait
le tour, traverse les passes, stationne au
milieu des dangers, jette ses bouées, et revient aux acclamations de la foule.

Nous étions nombreux sur la côte, suivant
avec curiosité la manœuvre du canot. Pour
les gens du pays, comme pour les baigneurs,
c'était une fête. Et voyant cette animation
de la plage, ce beau temps, cette joie de
tous, je ne pouvais m'empêcher de penser
à la scène bien différente, qui se déroule sur
ce rivage, à l'anxiété des pêcheurs, aux
pleurs des femmes, quand, dans la tempête,
le canot vient de partir pour accomplir son
œuvre de sauvetage.

Pendant que la seconde équipe fait le

même exercice à la voile, je visite la maison-abri, la gare du bateau, vide maintenant, et je feuillette le livre d'or des braves canotiers, le registre des procès-verbaux de leurs actions d'éclat.

La dernière sortie du canot remonte à quelques mois. Ce n'était pas un simulacre, cette fois. Il s'agissait d'arracher deux matelots à une mort certaine. J'ai recueilli, de la bouche de l'un d'eux, le récit de ce naufrage.

— J'étais, me dit-il, avec mon capitaine sur la gabare, le *Jeune Fernand*. Le 30 avril 1890, nous avions quitté le Verdon, au matin, avec fraîcheur de vent sud-est. La route se faisait toute seule. On sentait bien qu'il y avait un peu de mer en dessous ; mais le bateau était tranquille et s'en allait sans peine vers Maumusson. La passe venait d'être franchie quand la brise mollit subite-

ment. Nous étions en plein jusant. Contre
le courant il fallut amarrer. Les mathes
faisaient du bruit derrière nous et le reflux
nous y portait. Les marins sont habitués à
attendre la brise ; nous attendons. Après
deux heures de mouillage, une fraîcheur du
nord-ouest nous décide à rentrer. On lève
l'ancre et l'on repart.

Pendant que mon patron et moi étions au
gouvernail, chacun tenant solidement la
barre avec un raban, une lame de fond se
dresse et vient, en déferlant, *coffrer* sur
nous. Le capitaine a disparu, lancé par le
choc sous l'embarcation qui est à bord. Les
saisines, qui retenaient la pièce à eau, sont
brisées et la barrique est jetée contre moi.
Nous roulons ensemble sur le pont. La barre
a été emportée. Le bateau va à la dérive.
Je me relève. Impossible de marcher. Ma
jambe est cassée. Le capitaine se met au

gouvernail et nous dirige sur la bouée à
fuseau qui marque la passe. Mais la bouée
a chassé dans le coup de temps et touche le
sable de la mathe. Voyant le péril, nous
décidons de stationner jusqu'à ce que le
jusant soit fait.

Je ne sais ce qui avait secoué la mer par-
dessous. Le temps était calme. On serait
sorti, ce jour-là, sur une yole. Et le clapotis
augmentait toujours; nos ancres ne tenaient
pas.

— C'est le cas de grimper, me dit le capitaine, qu'une vague formidable venait d'arracher au gouvernail pour la seconde fois.

Le fait est qu'on ne tient plus sur le pont.
Les paquets de mer pleuvent dru à l'arrière.
Je m'accroche aux haubans et me hisse
comme je peux. Ma jambe cassée pèse de
plus en plus. Le patron monte à la mâture
et s'amarre auprès de moi. Le reflux, qui

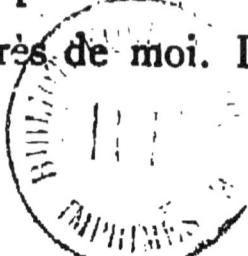

6

durait encore, nous refoule sur les brisants.
Oh ! ce fut alors un rude branle-bas à bord.
Le pont est nettoyé en un instant ; les lames
s'y écrasent et envoient leur écume jusqu'à
nous. Le bateau crie. Une risée nous fait
traverser tous les brisants de la mathe et
nous laisse en dehors des écueils. Mais la
cale se remplit, et les lames déferlent encore. La gabare devient lourde, s'enfonce
rapidement.

Voilà deux heures que nous sommes en
détresse, deux heures de lutte contre les
flots. La partie est perdue, le bateau con-
damné. Pas une voile à l'horizon. Personne
sur la côte. On n'aura pas vu notre pavillon
en berne. Il n'y a plus de secours à espérer.

A ce moment, le canot de sauvetage,
débouquant de la pointe de Gatseau, vient
droit à nous. Il nous accoste en un clin
d'œil. Le capitaine, qui était au-dessous de

moi sur le hauban, s'embarque. Je me laisse tomber dans les bras des matelots. Il était temps. Le *Jeune-Fernand* coule à pic, ne laissant émerger que le bout de son grand mât. Nous étions sauvés. Quand nous arrivâmes à la maison-abri, je remarquai que la figure et la poitrine du capitaine étaient rouges du sang qui avait jailli de ma blessure.

Le marin qui m'a fait ce récit, bien guéri aujourd'hui, est un des rameurs du bateau de sauvetage. Dans la manœuvre de ce matin, il a revu de près la mathe de Maumusson où il faillit périr l'an dernier.

28 août.

Sait-on jamais où l'on va, quand on s'embarque sur un bateau à voiles ? — J'avais le dessein de longer la côte orientale d'Oleron, de relâcher à Boyard-Ville, de visiter l'île d'Aix et Fouras. Le vent était bon, le sloop bien taillé pour la marche, l'équipage excellent. Avec cela on peut faire de la route. — Il a fallu renoncer à Boyard-Ville et à Fouras. J'avais compté sans l'imprévu.

L'imprévu, c'était une épave perdue au

fond du Couraut, qui nous a accrochés et retenus, menaçant de nous garder là, affamés, sans vivres, loin de tout, pendant combien de temps ?

Voici les circonstances très simples de cet accident.

Nous étions partis sans provisions, mes marins comptant sur leur filet. Après avoir dépassé les bancs rocheux de La Mortanne, le chalut est jeté à la mer. Le premier lan ne nous donne que du fretin. Impossible de faire une *chaudrée* avec cela. Et l'on essaie d'un second coup. Le filet draguait le fond depuis quelques instants, quand nous ressentons une brusque secousse. Le bateau s'est arrêté net.

— Nous sommes pris dans une épave, dit le capitaine.

— Pour sûr c'est un rocher, répond le matelot.

— Il n'y a pas de rocher ici ; les bancs sont loin. Vois 'a pointe de Juliar à plus de cinq cents mètres... Je sais mon fond ; j'y draguerais la nuit...

— A la sonde !

Le matelot jette le plomb. — Avant de commencer la manœuvre, il faut connaître l'obstacle. — La sonde remonte du sable. Plus de doute, notre chalut a donné dans une épave, s'y est solidement engagé. Comment sortir de là ?

Les hommes s'attellent au treuil et tirent le câble qui résiste. Ils redoublent d'efforts. Un funin casse. Voilà le filet bien compromis, ne tenant que par une corde, d'un seul côté. On tente de saisir à la gaffe son autre bout. Mais l'eau est profonde, et le croc ne ramène que des mailles déchirées. Le temps se passe. Les hommes s'épuisent. L'épave ne nous lâche pas.

Couper le câble et partir, ce serait fort aisé et vite fait. Il faudra peut-être s'y résoudre. Le capitaine hésite. Il lui en coûte de laisser à la mer un filet bon pêcheur, facile à gouverner, fait pour lui et pour son bateau. Et encore si le filet y restait seul ! C'est tout l'équipement qui est perdu, la perche, les pierres, la chaîne, les câbles. Que dira-t-on au village de cette aventure ? N'y aura-t-il pas de mauvaises langues qui s'en amuseront ? L'amour-propre s'en mêle, et l'on décide qu'on attendra, — qu'on attendra le reflux, le changement du courant.

La décision était sage. Au jusant, le chalut a tourné et sa chaîne s'est dégagée de l'épave, toute seule. On a pu le hisser presque intact.

L'honneur est sauf. Mais la pêche est manquée ; manqué aussi le voyage projeté. Adieu la chaudrée, faite à bord par les matelots, assaisonnée d'oignons et de laurier, baignée de vin blanc ! Adieu la visite à Boyard-Ville et à Fouras! Il ne nous reste que le temps de courir à l'île d'Aix. Nous partons.

Elle est en face de nous, au milieu du bras de mer, toute blanche sous les rayons du soleil. Notre bateau va droit à elle, d'une superbe allure ; il semble avoir à cœur de regagner le temps perdu. La citadelle, les remparts, l'estacade, les phares et le sémaphore se détachent déjà avec précision. Des matelots, debout sur la jetée, nous regardent venir. En quelques minutes nous sommes à terre.

Le génie militaire a tout fait ici. Ce

rocher, qui surgit entre l'île d'Oleron et le continent, en avant de l'embouchure de la Charente, est devenu une vaste forteresse ; il disparaît sous les murailles et les glacis. Une place sur laquelle s'alignent des casernes, — des maisons basses, symétriques, disposées au cordeau le long de deux rues parallèles, — de maigres jardins, occupent l'intérieur.

Quand vous avez fait le tour des remparts (et cette promenade n'est pas longue), vous avez vu toute l'île d'Aix ; vous pouvez rejoindre le bateau qui vous y a amenés.

Et pourtant, si l'on veut remonter dans un passé encore près de soi, un grand souvenir historique vous dit qu'il y a autre chose à voir dans cette petite île que ses casernes et ses forts, et qu'elle est intéres-

sante autrement que par ses batteries et ses
canons.

Après que l'Empire se fut effondré dans
l'immense désastre de Waterloo, Napoléon,
abandonné par ses ministres, repoussé par
les Chambres, traqué par les alliés, se retira
dans l'île d'Aix. Il y resta huit jours. Cette
semaine fut peut-être la plus cruelle de son
expiation, la seule pendant laquelle son
esprit désemparé flotta, écoutant tous les
avis, s'y ralliant un moment pour les abandonner bientôt, indécis entre le salut de sa
personne et la sauvegarde de sa dignité.

J'ai visité, dans l'hôtel de la place, au fond
de la rue qui porte son nom, la chambre
qu'il habita pendant ces jours de malheur.
Elle a conservé ses tentures et son ameuble-
ment. Au centre est une table ronde. Quatre
fauteuils sont placés autour. Le lit est en-
foncé dans une alcôve. Quelques chaises

garnissent les coins. Des fenêtres et des portes vitrées s'ouvrent sur un balcon. De là, la vue s'étend sur un jardin planté de figuiers, et découvre au loin la rade des Basques d'où le *Bellérophon* guettait sa proie.

Dans cette chambre, quelles angoisses ont dû l'étreindre !

Il entendait les cris de « Vive l'Empereur ! » poussés par un régiment dévoué, prêt à le suivre partout. Un capitaine danois lui offrait de le faire évader, en le cachant au fond de la cale de son vaisseau. De braves officiers proposaient de passer à travers la croisière anglaise. L'amiral Martin conseillait de remonter la Seudre et d'aller s'embarquer à Royan. Son âme s'ouvrait à toutes les espérances, se meurtrissait à tous les obstacles.

Il était libre encore, et sur la terre de France. Allait-il tenter un suprême effort, courir à l'armée de la Loire ? — Mais il n'avait plus foi en son étoile...

Devait-il, pour assurer son évasion, risquer la vie des marins généreux qui voulaient affronter le choc des vaisseaux anglais ? — Mais il s'approchait de la fenêtre et voyait le *Bellérophon* qui gardait la passe et les autres navires ennemis qui croisaient...

Fuirait-il, en se cachant dans la cale d'un bateau ou sur les routes de Royan ? — Mais quand il entendait les soldats crier « Vive l'Empereur ! », il se raidissait et repoussait de son esprit cette pensée d'une évasion honteuse...

Qu'attendait-il ? — Un événement imprévu, improbable, impossible, qui changerait la face des choses. Il ajournait le départ, s'accrochant à ce dernier lambeau de la terre française, voulant entendre encore ces cris de « Vive l'Empereur! » poussés par une poignée de soldats fidèles.

Et l'épopée de son règne se dressait devant lui, les Pyramides, Rivoli, Austerlitz, Wagram, sa grande armée, sa cour de souverains, sa promenade triomphale à travers l'Europe. Tout cela pour aboutir à ce rocher de l'île d'Aix!

Son trône est maintenant aux Bourbons. Les monarchistes lui ferment la route de Paris. La flotte anglaise le cerne. — Il faut en finir... Le 15 juillet, à trois heures du matin, il se livre au commandant du *Bellérophon*.

Sur la table ronde de sa chambre, est déposé le procès-verbal de son séjour dans l'île d'Aix, dressé en 1862. Les circonstan-

ces en sont rapportées par les témoins entendus alors, en des phrases sèches et froi-
des comme un document de procédure. A
la même époque, Napoléon III a fait placer
au fronton de la maison cette inscription :

« A LA MÉMOIRE DE NOTRE IMMORTEL EMPEREUR

NAPOLÉON Ier

15 JUILLET 1815 ! ! !

TOUT FUT SUBLIME EN LUI, SA GLOIRE, SES REVERS,

ET SON NOM RESPECTÉ PLANE SUR L'UNIVERS. »

Un registre reçoit les noms des visiteurs.
J'y ai lu des pensées injurieuses, consi-
gnées par des inconnus. Il me semble que
les haines et les colères devraient se taire
ici, dans cette chambre consacrée par la
plus grande infortune des temps modernes.

30 août.

Trente jours ont déjà passé depuis mon
arrivée dans l'île et mon installation au bord
du Couraut, — trente jours de repos d'esprit, de longues promenades, de rêveries
dans la forêt et sur la côte, de vie au grand
air. Comme on s'accommode vite et bien de
cette vie !

J'ai vu de près les pêcheurs et les marins ;
j'ai pu entrer dans leur intérieur, me mêler
à leurs peines et à leurs plaisirs. Ce sont de

braves gens, très simples, très dévoués, contents de leur métier, aimant la mer jusqu'à la passion.

L'attachement de nos paysans pour leur terre est tout différent, plus âpre, plus jaloux, plus avare. C'est que leur terre est à eux seuls, qu'ils l'ont payée de leur argent, qu'ils n'entendent pas partager ce qu'elle produit. Et la mer est à tout le monde, se donne aux plus vaillants et aux plus hardis. Aussi les marins sont-ils braves et généreux, loyaux et francs. Il y a de toutes ces qualités dans leur amour pour la mer.

Elle revient sans cesse dans leurs conversations. Ils l'associent à leurs joies intimes, la chantent dans les réunions de famille et les fêtes publiques.

Chaque année, le soir du 30 avril, les jeunes garçons de Saint-Trojan plantaient

des mais aux portes des jeunes filles. Le
lendemain, pendant le dîner qui les réunis-
sait tous, les garçons et les filles chantaient
la *Chanson de Mai*. Les garçons disaient :

Un jour, me prend envie,
O gué !
Un jour me prend envie
D'aller planter le mai,
Le lundi, le mardi, le jour de mai,
D'aller planter le mai
A la port' de ma mie,
A la port' de ma mie,
O gué !
A la port' de ma mie.

Les jeunes filles répondaient :

Ne le plantez pas là,
Le lundi, le mardi, le jour de mai,
Ne le plantez pas là,
Cher amant, je vous prie ;
Cher amant, je vous prie,
O gué !

Cher amant, je vous prie,
Plantez le dans mon cœur ;
La place en est jolie,
        O gué !
La place en est jolie.

Puis venait la réplique des jeunes gens :

J'ai trois vaisseaux sur l'eau,
Le lundi, le mardi, le jour de mai ;
J'ai trois vaisseaux sur l'eau.
L'un d'eux est chargé d'or,
L'autre de perlerie,
        O gué !
L'autre de perlerie ;
Et l'autre qui n'a rien,
Rien que trois jeunes filles,
        O gué !
Rien que trois jeunes filles.

L'un' d'elles est ma sœur,
Le lundi, le mardi, le jour de mai,
L'un' d'elles est ma sœur ;
Une autre est ma cousine,
Une autre est ma cousine,
        O gué !

Une autre est ma cousine.
Puis l'autre ne m'est rien ;
Elle sera ma mie,
O gué !
Elle sera ma mie.

On ne plante plus le mai, à Saint-Trojan. Si la naïve chanson est presque oubliée, la mer, les beaux vaisseaux et l'amour inspirent toujours la muse des poètes d'Oleron. L'orphéon des pêcheurs nous y a fait entendre un chœur tout local, *Le Chant des Canotiers*.

J'ai dit adieu aux marins que je connaissais ; j'ai revu la forêt, les dunes grises et la côte sauvage. On ne quitte pas, sans quelque émotion, les hommes et les choses que l'on a fréquentés et aimés pendant un mois.

Sur la petite côte, vers le soir, j'ai trouvé

un vieux matelot, assis auprès de son chien.
Je l'avais rencontré là, à cette même heure,
plusieurs fois. Depuis longtemps, il a fini
de naviguer ; il est affaissé, usé par le pénible labeur de toute son existence. Il sent
qu'il peut partir bientôt, et vient, chaque
jour, à cette place, contempler la mer.

Je suis resté quelques instants sur la
plage, regardant, pour la dernière fois
peut-être, comme le vieux matelot, les petits flots verts du Couraut, les chaloupes à
l'ancre, les sloops qui rentrent au port. Demain je partirai d'ici ; mais j'emporte assez
de souvenirs pour vivre longtemps encore
de cette vie insulaire, si intéressante, faite
de dévouement, de résignation et de travail,
colorée par l'originale poésie que lui donne
le cadre grandiose de la mer et du ciel.

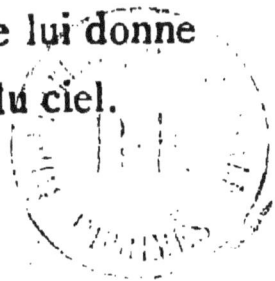

FINI D'IMPRIMER

LE XXX SEPTEMBRE MDCCCXCI

PAR

EMM. CRAUFFON

Editeur

A TULLE